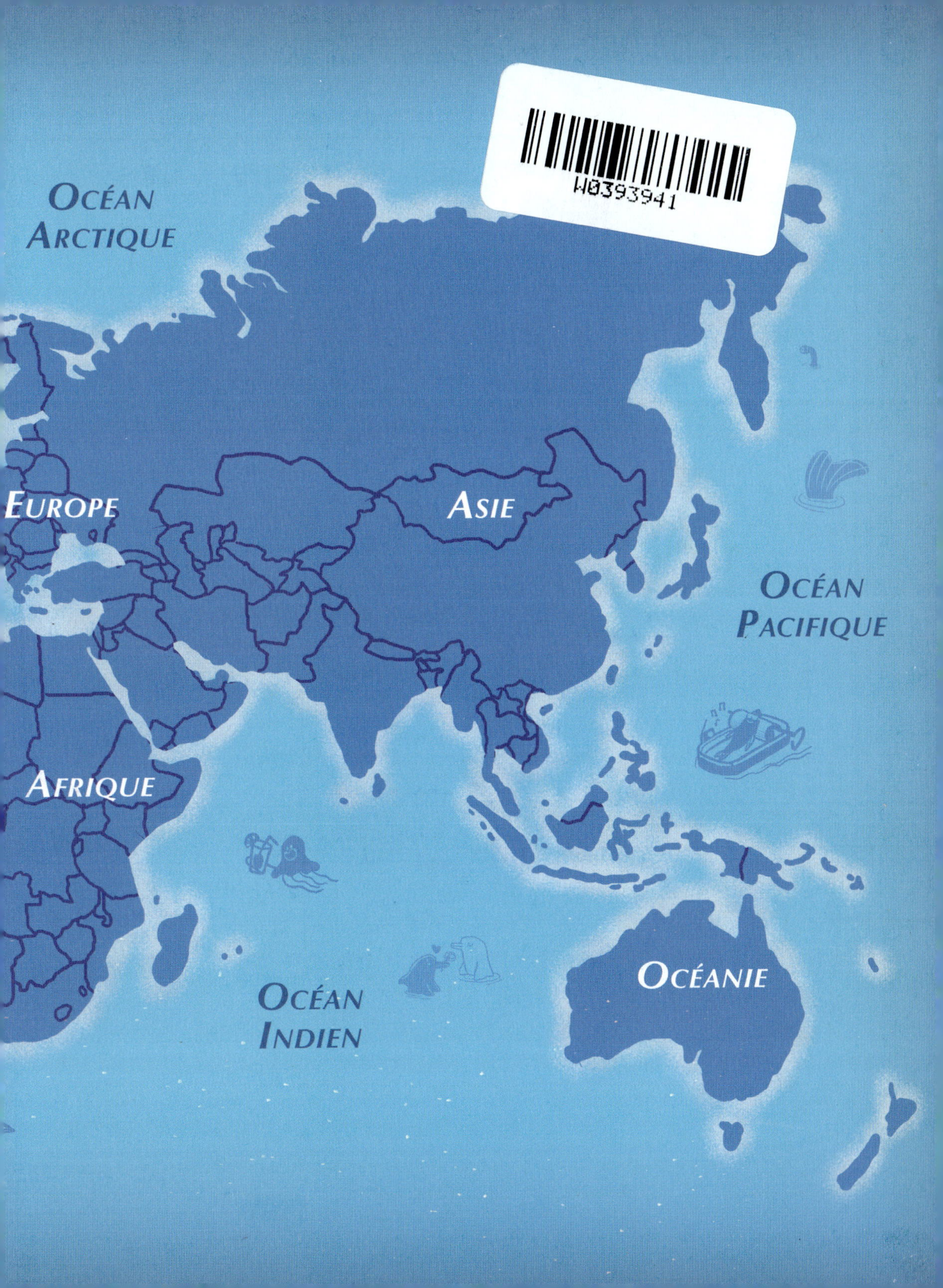
Océan
Arctique
Europe
Asie
Océan
Pacifique
Afrique
Océan
Indien
Océanie

Remerciements
à Regina Flanagan, Brenna Britton, Olga Camacho, Patrick, James et Clare Nash.

Cet ouvrage a été réalisé par les Éditions Milan avec la collaboration
d'Auriane Vigny et Sophie Lobry.
Création couverture et montage : Mily Cabrol
Création intérieur : Anja Tränkel (booxdesign)
Photogravure : MPP

www.editionsmilan.com

ISBN : 978-2-7459-4970-7
Dépôt légal : 3e trimestre 2014
Imprimé par DZS en Slovénie

À toi
LES ÉTATS-UNIS !

Texte : Florence Nash
Illustrations :
Camille Ladousse
et Julien Castanié

J'EXPLORE LE MONDE

MILAN

nice to meet you
ravi de faire ta connaissance

where are you from?
d'où viens-tu ?

sorry
excusez-moi

do you speak english?
parlez-vous anglais?

thanks
merci

how are you?
comment ça va ?

how old are you?
quel âge as-tu?

hi!
salut!

welcome !
bienvenue !

what's your name ?
comment tu t'appelles ?

watch out !
attention !

Welcome to the United States

Quand on dit l'Amérique, on veut souvent dire les États-Unis d'Amérique, soit 50 États différents. Le pays est si grand qu'on y mettrait 14 fois la France !

Hi ! Je m'appelle Molly

J'ai 11 ans et j'habite la 5e Avenue à Manhattan avec vue sur Central Park. J'ai la passion des comédies musicales. J'aime sortir avec mes amies, et me balader dans New York. Je pratique le piano tous les jours, et j'adore les robots. Je fais partie du club Pink Bots de l'école, avec lequel on présente nos robots dans des compétitions nationales. Je rêve de gagner !

Et moi c'est Mike !

J'ai 10 ans et j'habite en dehors de Phoenix dans l'Arizona, au nord de la frontière mexicaine. Notre maison n'est pas grande mais elle est neuve et on a une piscine parce qu'en été, il fait facilement 40 degrés. J'aime le baseball, les activités de plein air comme le vélo cross et le camping. Je passe aussi pas mal de temps à jouer à des jeux vidéo.

50 ÉTATS

L'Alaska est séparé du continent nord américain par le Canada. Mais c'est un État américain comme les autres. Il y a aussi des territoires indépendants : Guam et Samoa, 2 petites îles du Pacifique et Porto Rico une île hispanique dans les Caraïbes au large de la côte atlantique dont on dit qu'elle deviendra un jour le 51e État.

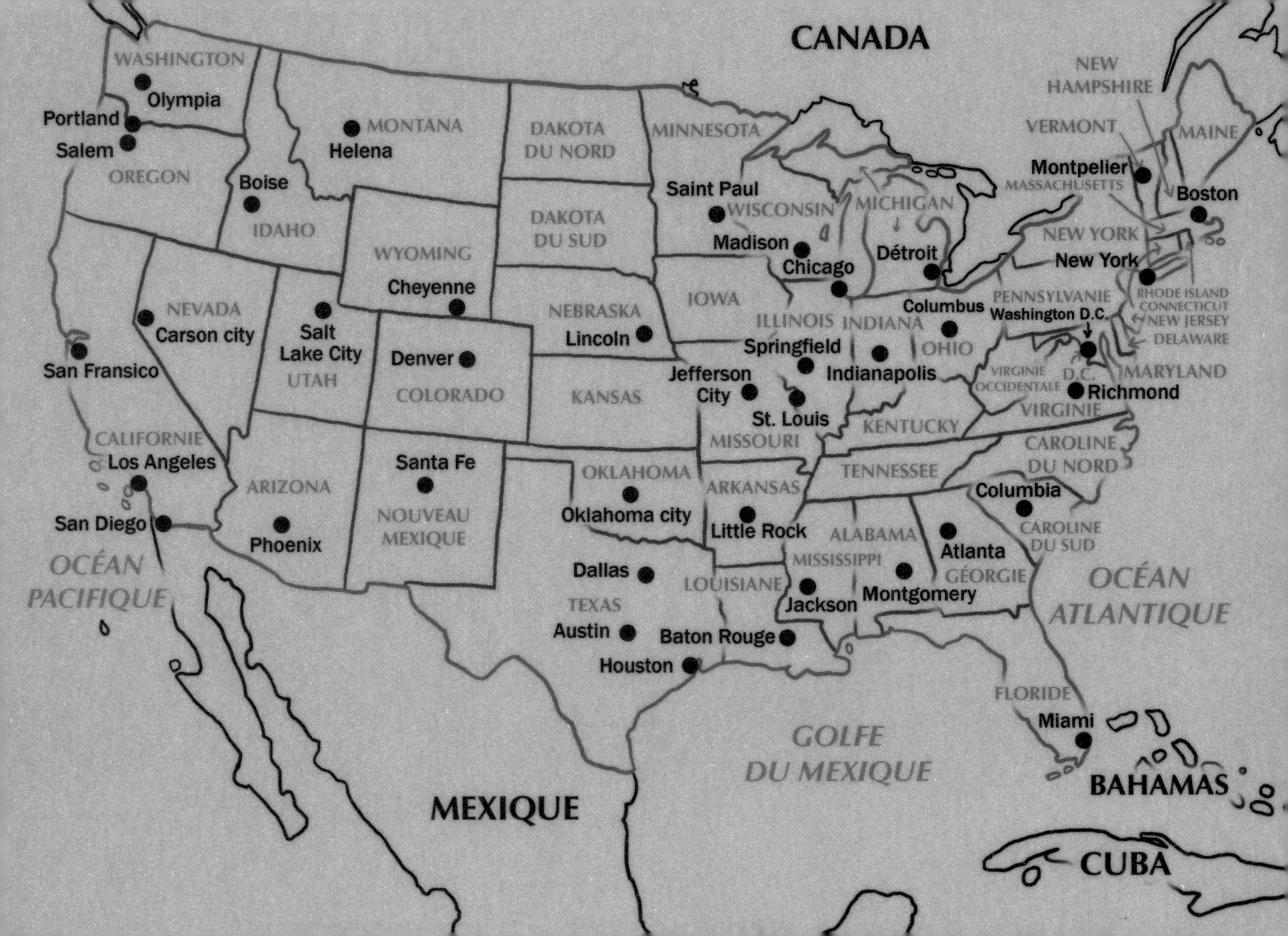
CANADA
WASHINGTON
Olympia
Portland
Salem
OREGON
MONTANA
Helena
Boise
IDAHO
DAKOTA DU NORD
DAKOTA DU SUD
MINNESOTA
Saint Paul
WISCONSIN
Madison
MICHIGAN
Détroit
Chicago
NEW HAMPSHIRE
VERMONT
MAINE
Montpelier
MASSACHUSETTS
Boston
NEW YORK
New York
RHODE ISLAND
CONNECTICUT
NEW JERSEY
DELAWARE
MARYLAND
PENNSYLVANIE
Washington D.C.
D.C.
Richmond
VIRGINIE
VIRGINIE OCCIDENTALE
WYOMING
Cheyenne
NEVADA
Carson city
Salt Lake City
UTAH
San Fransico
Denver
COLORADO
NEBRASKA
Lincoln
IOWA
ILLINOIS
INDIANA
OHIO
Columbus
Springfield
Indianapolis
Jefferson City
St. Louis
KANSAS
MISSOURI
KENTUCKY
CALIFORNIE
Los Angeles
San Diego
ARIZONA
Phoenix
Santa Fe
NOUVEAU MEXIQUE
OKLAHOMA
Oklahoma city
ARKANSAS
Little Rock
TENNESSEE
CAROLINE DU NORD
Columbia
CAROLINE DU SUD
ALABAMA
Atlanta
GÉORGIE
MISSISSIPPI
Montgomery
Jackson
LOUISIANE
Dallas
TEXAS
Austin
Baton Rouge
Houston
OCÉAN PACIFIQUE
OCÉAN ATLANTIQUE
FLORIDE
Miami
BAHAMAS
GOLFE DU MEXIQUE
MEXIQUE
CUBA

CANADA
MEXIQUE
CUBA
BAHAMAS
GOLFE DU MEXIQUE
OCÉAN ATLANTIQUE
OCÉAN PACIFIQUE
WASHINGTON
OREGON
CALIFORNIE
NEVADA
IDAHO
MONTANA
WYOMING
UTAH
ARIZONA
COLORADO
NOUVEAU MEXIQUE
DAKOTA DU NORD
DAKOTA DU SUD
NEBRASKA
KANSAS
OKLAHOMA
TEXAS
MINNESOTA
IOWA
MISSOURI
ARKANSAS
LOUISIANE
WISCONSIN
ILLINOIS
MICHIGAN
INDIANA
OHIO
KENTUCKY
TENNESSEE
MISSISSIPPI
ALABAMA
GEORGIE
FLORIDE
CAROLINE DU SUD
CAROLINE DU NORD
VIRGINIE
VIRGINIE OCCIDENTALE
MARYLAND
DELAWARE
NEW JERSEY
CONNECTICUT
RHODE ISLAND
PENNSYLVANIE
NEW YORK
MASSACHUSETTS
VERMONT
NEW HAMPSHIRE
MAINE
Olympia
Portland
Salem
Boise
Helena
San Francisco
Carson city
Salt Lake City
Los Angeles
San Diego
Phoenix
Santa Fe
Denver
Cheyenne
Lincoln
Oklahoma city
Dallas
Austin
Houston
Saint Paul
Madison
Jefferson City
St. Louis
Little Rock
Baton Rouge
Jackson
Springfield
Chicago
Indianapolis
Detroit
Columbus
Montgomery
Atlanta
Columbia
Miami
Richmond
Washington D.C.
New York
Montpelier
Boston

Le plus haut pic, le mont McKinley culmine à 6 194 mètres et se trouve en Alaska. Le réseau fluvial du Mississipi couvre 31 États. Au nord, les Grands Lacs séparent les États-Unis du Canada.

Melting-pot et démocratie

Les USA sont l'une des plus grandes démocraties du monde. Le Président et le gouvernement sont à Washington.

Le melting-pot

Le melting-pot, késaco ? Entre 1892 et 1924, l'Amérique a accueilli 16 millions d'immigrants : Irlandais, Italiens, Juifs, Chinois, Mexicains... Voici pourquoi on parle de melting-pot, ce mélange de gens venus de partout dans le monde. Les premiers habitants des États-Unis furent les Indiens. Mais après l'arrivée de Christophe Colomb en 1492, les Européens ont débarqué sur le Nouveau Monde. D'abord les trappeurs français et hollandais, puis les colons anglais. Les colons firent ensuite venir 12 millions d'esclaves d'Afrique.

Démocrates et républicains

Les Américains appartiennent soit au parti démocrate soit au parti républicain. Les républicains prônent le libéralisme économique basé sur la compétition. Les démocrates valorisent la tolérance et les programmes sociaux.

money | *monnaie*

Le dollar est la monnaie des États-Unis, mais aussi du monde. C'est en dollars qu'on évalue le prix du baril de pétrole, du blé et d'autres produits de base.

MOTS CLÉS

*** Congress :**
chambre des représentants qui proposent et rédigent les nouvelles lois.

*** Cabinet Members :**
ministres choisis pour leurs compétences: finance, santé, éducation.

*** Senate :**
chambre des sénateurs qui votent les lois et les amendements.

*** Supreme Court :**
la plus haute cour judiciaire. Elle contrôle l'application de la loi.

White House / *Maison Blanche*

C'est à la Maison Blanche que vit et travaille le président des États-Unis. On parle aussi du bureau ovale, *oval office*, car le bureau du Président est ovale.

CHRONOLOGIE

1492	**Christophe Colomb découvre l'Amérique.**
1560	**Arrivée des premiers esclaves.**
1621	**Premier *Thanksgiving*.**
1776	**Indépendance.**
1789	**Adoption de la Constitution.**
1802	**Achat de la Louisiane à la France.**
1861-65	**Guerre civile.**
1955-68	**Révolte pour les droits civiques.**

50 États + 1 État fédéral

Les États-Unis sont composés de 50 États qui ont chacun leur gouvernement, leur assemblée d'élus et leurs lois locales. Chaque État décide, par exemple, de l'âge auquel on peut passer le permis de conduire ou les programmes scolaires. Un peu comme si chaque région de France avait ses propres lois. Mais c'est le gouvernement fédéral qui contrôle les lois et garantit les principes de la Constitution. Et chaque décision importante du gouvernement doit être approuvée par le Sénat* et le Congrès*.

The President / *Le Président*

Barak Obama a été élu le 4 novembre 2008. C'est un démocrate.

Barak Obama, le premier Président noir

Barak Obama, élu en novembre 2008 est le premier Président de couleur. C'est une avancée historique extraordinaire, car Barak Obama a grandi sous la ségrégation. Dans les années soixante, les Noirs ne pouvaient s'asseoir qu'aux places réservées aux Noirs, que ce soit dans le bus ou au cinéma. Les révoltes du mouvement des droits civiques entre 1955 et 1968 ont changé cela. Aujourd'hui les droits sont égaux entre Blancs et Noirs, mais le racisme existe encore.

L'école, made in USA

En quel grade serais-tu si tu allais à l'école américaine ? Porterais-tu un uniforme ? Réponse dans ces pages...

Notes et discipline

Mes parents reçoivent 3 bulletins par an. Mes notes vont de A à D, avec le F pour *fail* (échec). Mais il faut vraiment faire preuve de mauvaise volonté pour obtenir un F et c'est très rare. Les élèves ne sont pas classés du meilleur au moins bon. Et on ne les compare jamais. C'est le commentaire de la maîtresse qui compte : elle me conseille d'être plus ordonnée, ou de mieux relire mon travail. Si on a un problème, on en parle. Et si vraiment on se comporte mal en classe, on va dans le bureau du directeur.

LES CLASSES DU PRIMAIRE

Elementary School	*Kindergarten*	*5-6 ans*	*Maternelle*
Elementary School	*First grade*	*6-7 ans*	*CP*
Elementary School	*Second grade*	*7-8 ans*	*CE1*
Elementary School	*Third grade*	*8-9 ans*	*CE2*
Elementary School	*Fourth grade*	*9-10 ans*	*CM1*
Elementary School	*Fifth grade*	*10-11 ans*	*CM2*

Public ou privé

1 enfant américain sur 6 va à l'école privée. L'école privée coûte cher ! En moyenne le prix d'une voiture neuve, par an. Si les écoles privées ne sont pas forcément religieuses, le programme est souvent plus ambitieux que dans le public. Pourtant, il existe d'excellentes écoles publiques. Non seulement l'école publique est gratuite, mais mieux encore, les enfants de familles pauvres y déjeunent gratuitement. On y sert le petit-déjeuner le matin avant la classe, et on peut aussi y déjeuner pendant tout l'été, même quand il n'y a pas classe.

uniforms | *uniformes*

Les élèves des écoles privées portent un uniforme. Jupe écossaise ou unie, chemisier blanc et cardigan bleu marine pour les filles. Pantalon gris, chemise blanche et pull bleu marine pour les garçons. Les couleurs changent d'une école à l'autre.

ÉCOLES BILINGUES

Il existe des écoles bilingues aux États-Unis. Mais ce n'est pas pour apprendre une langue étrangère. Ces écoles sont destinées aux enfants d'immigrants qui viennent d'arriver, afin qu'ils apprennent l'anglais.

Vacances

On a des vacances pendant la période des fêtes de fin d'année, au printemps et en été. Mais les dates varient d'un État à l'autre et d'une école à l'autre. Ma cousine n'a pas de vacances en février par exemple, mais elle a 3 semaines à Pâques. Moi, j'ai 2 semaines à Noël, et elle en a 3. Mes grandes vacances sont en juin et juillet. À New York, les vacances sont en juillet et août.

L'UNIVERSITÉ

La tradition veut que les jeunes partent à l'université loin de chez eux et vivent sur le campus. Mais l'université coûte très cher et les élèves doivent faire de gros emprunts pour y aller. Les plus prestigieuses sont les Ivy League: Brown University, Columbia University, Cornell University, Dartmouth College, Harvard University, Princeton University, the University of Pennsylvania, and Yale University.

Une journée en classe

Vite, le bus jaune est devant la maison !
Allez, viens avec moi passer une journée à l'école.

pledge of allegiance
serment d'allégeance
Le serment d'allégeance est un serment de fidélité au drapeau et à la république des États-Unis d'Amérique.

7 h 15

En route

Le bus de ramassage scolaire démarre tôt, mais j'aime retrouver les copains.

8 h 30

Assemblée

Le matin, toute l'école se rassemble dans l'amphithéâtre. Le directeur fait quelques annonces, et nous récitons le *pledge of allegiance*. Ensuite, nous allons en classe. Cette semaine, ma classe va montrer le film que nous avons réalisé : un reportage sur l'école, où il y a même des fausses publicités. Comme à la télé !

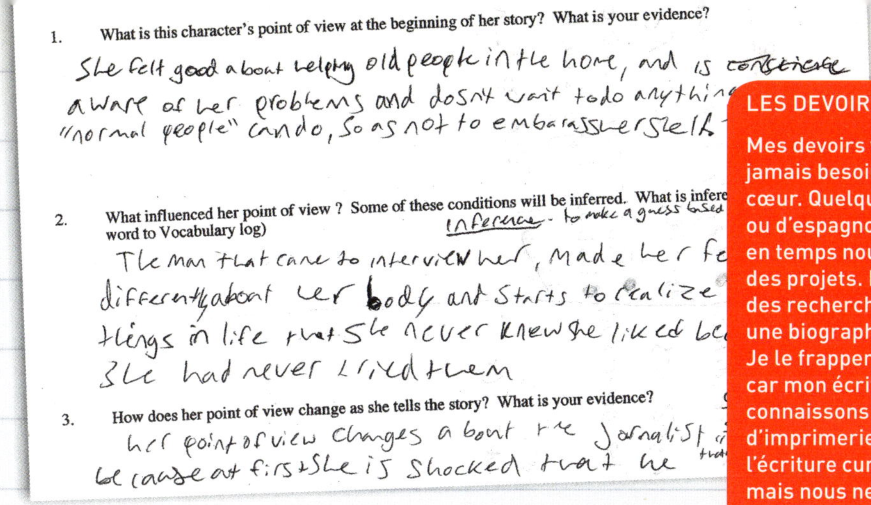
1. What is this character's point of view at the beginning of her story? What is your evidence?

She felt good about helping old people in the home, and is ~~conscience~~ aware of her problems and dosn't wait to do anythin "normal people" can do, so as not to embarass herslelf

2. What influenced her point of view? Some of these conditions will be inferred. What is infere word to Vocabulary log)

inference - to make a guess based

The man that came to interview her, made her fe differently about her body and starts to realize things in life that she never knew she liked be she had never tried them

3. How does her point of view change as she tells the story? What is your evidence?

her point of view changes about the jornalist because at first she is shocked that he

LES DEVOIRS EN SCRIPT

Mes devoirs vont vite, car je n'ai jamais besoin d'apprendre par cœur. Quelques exercices de math ou d'espagnol et voilà ! De temps en temps nous travaillons sur des projets. En ce moment, je fais des recherches pour présenter une biographie sur Duke Ellington. Je le frapperai sur l'ordinateur car mon écriture est illisible. Nous connaissons surtout les caractères d'imprimerie. Nous apprenons l'écriture cursive en *third grade* (CE2) mais nous ne l'utilisons jamais.

9 h 00

Au boulot !

Les tables sont assemblées par groupes de 4. Le matin nous avons surtout les matières principales : anglais, math et histoire. En math, tous les résultats sont bons du moment que nous réussissons à démontrer notre raisonnement. En anglais, j'aime bien écouter les histoires et les discussions, assis en cercle sur le tapis.

locker — *placard*

En *sixth grade* (6e en France), nous avons un *locker* (un placard en métal) pour y mettre nos sacs à dos. Mais en *fourth grade* (CM1), nous nous contentons d'un casier ouvert pour nos affaires.

Midi

Cantine

Moi j'apporte mon sandwich et je ne perds pas de temps à faire la queue. Maman sait ce que j'aime, et elle ajoute toujours un paquet de chips et un petit mot gentil.

L'après-midi

Après le déjeuner, place aux matières secondaires : espagnol, sciences naturelles et gym. J'ai aussi des cours de musique mais pas de dessin. L'après-midi passe vite, nous finissons à 15 heures.

LES PARENTS À L'ÉCOLE

Suite à des recherches, nous avons écrit et illustré notre livre. Après corrections et impression, la maîtresse l'a relié avec une couverture en carton. Quand nous l'avons publié, nos parents sont venus à la *publishing party* (publication). Chacun a choisi un thème sur l'Afrique. Le mois prochain, les parents viendront écouter nos monologues dans l'amphithéâtre. Le mien, c'est le discours d'inauguration du président John Kennedy. Là, je dois apprendre par cœur. Pas question d'avoir le trac !

Temps libre : tout est possible !

Entre les différents clubs, les camps et les soirées pyjama, on ne s'ennuie pas en Amérique !

Central Park
parc central

Central Park est le plus grand espace vert de la ville de New York. On peut y faire du patinage sur glace, du vélo et du roller.

SLEEPOVER
(SOIRÉE PYJAMA)

Parfois, mes parents me laissent inviter mes amies pour un *sleepover*. Après le dîner, nous mettons nos sacs de couchage dans le salon, nous préparons un saladier plein de pop-corn salés et plein de beurre fondu, et nous jouons aux cartes ou nous regardons des films. Nous bavardons jusqu'au moins minuit !

After school /Après l'école

Puisque l'école se termine à 15 heures, j'ai beaucoup de temps libre l'après-midi. Après le goûter (j'amène toujours des cookies), je vais au club d'échecs ou de photographie. Ma sœur fait de la céramique et de la danse. Quand le bus jaune nous ramène à la maison, j'ai encore le temps de faire mes devoirs avant le dîner et de jouer à la Wii.

SUMMER CAMP
COLONIE DE VACANCES

Le *summer camp* (colonie de vacances) est un rituel pour les jeunes entre 10 et 16 ans. Ils partent 4 à 6 semaines chaque été, dans le même camp où ils se font des amis pour la vie. Il existe toutes sortes d'options : sport, nature, théâtre, escalade, archéologie, etc.

Le dimanche de Mike

Ma famille est catholique pratiquante et nous allons à l'église le dimanche. Toute la famille fait partie de la chorale. Ensuite, mon père nous emmène souvent dans un des parcs naturels de la région : j'aime faire du vélo cross ou de la randonnée.

Le dimanche de Molly

Rien de tel que de se lever tard après un samedi soir au théâtre ou au cinéma ! Vers midi, ma famille prend toujours le brunch au restaurant : pour moi c'est pancakes au sirop d'érable et salade de fruits. Puis nous allons nous promener dans la ville. On visite une exposition au Metropolitan Museum par exemple. Après on peut faire encore un peu de shopping. Ici, tout est ouvert le dimanche.

Passion sport

Baseball, basket-ball… En Amérique, le sport c'est du sérieux ! Suis-moi sur le terrain.

Baseball, typiquement américain

Le plus ancien des sports, le baseball a toujours rassemblé les Américains, même dans les moments difficiles comme en temps de guerre. Imagine ! Muni d'un bâton rond, tu dois renvoyer une balle de cuir dur lancée vers toi à 150 km à l'heure ! Si tu renvoies la balle, tu dois ensuite courir de base en base. Si tu reviens jusqu'à la base de départ avant que l'autre équipe ne rattrape la balle, c'est un *home run*. Bravo ! Alex Rodriguez, des New York Yankees, a été le plus jeune à atteindre les 600 *home runs* à 36 ans. Il est aussi le joueur de baseball le mieux payé du monde et le plus vu au bras des stars.

SHAUN WHITE, ROI DE LA GLISSE

Double médaille d'or aux jeux Olympiques d'hiver, ce snow-boarder excelle dans la discipline du *half-pipe* (demi-tunnel). Il est aussi célèbre pour ses longues boucles rousses, et son style décontracté et modeste.

Football américain : une vraie religion !

Aussi populaire que le foot en Europe, le football américain n'a rien à voir avec le sport que tu connais. D'abord, il se joue avec les mains ! Les joueurs sont casqués et bardés de protection, car le football américain est très violent. Les joueurs se foncent les uns dans les autres comme des autotamponneuses ! Les fans remplissent les plus grands stades et l'ambiance est renforcée par les équipes de *cheerleaders* (majorettes). Dans le Sud, on dit même que le football est une religion !

soccer / *foot*

Le football américain est un sport qui vient à la fois du football et du rugby.

Basket-ball, le sport le plus urbain

Le basket-ball est très populaire aux États-Unis. Car on peut jouer partout. Il suffit d'un panier devant la porte du garage ou d'un terrain entre 2 rues. Le mieux, c'est quand même en salle, dans un gymnase.

cheerleaders / *majorettes*

Les fameuses *pom pom girls* américaines portent des tenues aux couleurs de l'équipe qu'elles supportent.

LE SOCCER POUR LES FILLES

Ce que le reste du monde appelle foot, l'Amérique l'appelle *soccer.* Et ce n'est pas un sport très populaire. C'est le premier sport joué par les petits à la maternelle. Plus tard, c'est un sport plutôt pratiqué par les filles. Marta Vieira da Silva, de l'équipe professionnelle *Gold Pride*, a reçu le Ballon d'Or de la meilleure joueuse du monde en 2007.

Une année de fêtes

Dans un si grand pays, les styles de vie sont variés. Heureusement, les fêtes sont là pour rassembler les gens quelles que soient leur origine, leur religion ou leur région.

Le grand frisson d'Halloween

Fantômes, squelettes et momies sont les invités d'honneur de la grande fête d'Halloween. Dans la nuit du 31 octobre, les enfants se déguisent (sorcières et princesses pour les filles, fantômes, lutins et zombies pour les garçons) et frappent aux portes pour réclamer des bonbons. On décore les maisons de toiles d'araignées, de citrouilles sculptées en lanterne et de chauve-souris. Brrrr...

COMPTINE D'HALLOWEEN

Trick or treat !
Une gâterie ou une farce !

Smell my feet !
Sens mes pieds !

Give me something good to eat.
Donne-moi quelque chose de bon à manger.

Thanksgiving et les premiers colons

Les Américains adorent la fête de *Thanksgiving*. Familles et amis se rassemblent autour d'un bon repas, le quatrième jeudi de novembre, pour commémorer la première récolte, en 1621, des colons de Plymouth (actuel État du Massachusetts). On mange la traditionnelle dinde à la confiture de *cramberries*, de la purée de pommes de terre ou de patates douces, des haricots, du maïs, et des tartes à la citrouille, aux pommes, ou aux noix de pécan.

LE PÈRE NOËL
ET SON COURRIER

Chaque année, la poste américaine reçoit plus de 1 million de lettres adressées au Père Noël. Certaines associations de bénévoles répondent aux lettres et parfois même exaucent le souhait de l'enfant. À condition de mettre son adresse au dos de l'enveloppe !

Christmas Spirit

Aux États-Unis, la saison de Noël commence juste après la fête de *Thanksgiving*. Les Américains adorent le *Christmas Spirit* ! Et nul ne peut y échapper. On entend des chants de Noël partout : à la radio, au supermarché, à la banque ou dans l'ascenceur. Les écoles préparent des spectacles, les bureaux organisent des chorales impromptues, les magasins créent des décors festifs et les rues scintillent de mille feux.

Independence Day

Le Jour de l'Indépendance célèbre la déclaration d'Indépendance des colonies anglaises qui date de 1776. La fête a lieu le 4 juillet. C'est un jour férié national. Au programme : défilés et feux d'artifice. La plus grande parade a lieu à Washington, la capitale, avec un défilé militaire, des fanfares et des ballons géants. Après le défilé, les Américains se retrouvent autour de barbecues.

4th of july
4 juillet

Le 4 juillet, les drapeaux américains sont de sortie pour célébrer le Jour de l'Indépendance.

Mille et une stars

Beaucoup de grands personnages se bousculent dans l'histoire américaine. Mais ce sont les stars hollywoodiennes et les chanteurs dont les posters s'affichent sur les murs du monde entier qui sont les plus connus.

Les stars d'Hollywood

Il n'y a aucun doute : Hollywood est la capitale mondiale du cinéma. À la grande époque, dans les années 1940, le couple star réunissait Humphrey Bogart et Lauren Bacal. Aujourd'hui, les fans adorent Angelina Jolie et Brad Pitt. Ces deux-là se sont rencontrés en 2005 sur le tournage de *Mr. & Mrs. Smith* : un film sur un couple ordinaire qui découvre qu'ils sont tous les 2 des tueurs à gages. Quelle tension ! C'est aussi à Hollywood qu'ont été réalisés les films les plus coûteux et les plus regardés au monde : *Jurassic Park*, *Titanic*, *Star Wars* et *Avatar*. Moi, je les ai tous vus !

the myth / *le mythe*

Devenue la star hollywoodienne par excellence, Marylin Monroe captive, intrigue et passionne toujours.

the king of pop
le roi de la pop

Mickael Jackson a débuté sa carrière à l'âge de 11 ans avec les Jackson Five. Reconnu comme le plus grand artiste de tous les temps, 6 de ses albums sont parmi les plus vendus au monde.

actress and pop singer
actrice et chanteuse pop

À 14 ans, Taylor Swift s'installe à Nashville pour devenir chanteuse de country. Ses chansons évoquent amour, jeunesse et nostalgie dans un style à la fois country et pop-rock. 7 Grammy Awards plus tard, entre 2 tournées, Taylor apparaît sur le grand écran et dans les magazines de mode.

ÉCRIVAINS

Mon livre préféré est *Les Aventures de Huckleberry Finn* de Mark Twain. L'histoire se passe au bord du Mississippi et décrit le racisme fréquent dans le Sud. Mark Twain est connu pour son style très réaliste, novateur à l'époque et c'est la raison pour laquelle ses œuvres sont étudiées en classe.

Facebook creator

l'inventeur de Facebook

Milliardaire à moins de 30 ans : Hello Mark Zuckerberg ! Le fondateur du site Facebook a commencé la programmation informatique au collège.

BD ET DESSINS ANIMÉS

Beaucoup de personnages de dessins animés comme Superman et Spiderman sont nés dans les pages de Marvel Comics. Mais ma BD préférée c'est *Peanuts* : Charlie Brown et son chien Snoopy partagent des aventures très drôles. En 1989, un personnage de dessin animé a atterri sur le petit écran sans passer par la BD : Bart Simpson, fils d'Homère, paresseux, vulgaire, ignorant, maladroit et pourtant drôle est devenu incroyablement célèbre.

Merci les inventeurs

Depuis l'époque des conquistadors et de la ruée vers l'or, l'Amérique est le pays où tous les rêves sont possibles. Idéal pour les esprits créatifs ! Benjamin Franklin a inventé le paratonnerre (1752), Elias Howe la machine à coudre (1846), John Curtis le chewing-gum (1848), Thomas Edison l'ampoule électrique (1879), John Pemberton le Coca-Cola (1886), Whitcomb Judson la fermeture Éclair (1893), Vladimir Zworykin la télévision (1923), Richard Drew le Scotch (1929), et Frank McNamara la carte de crédit (1950). Sans oublier Bill Gates le génie du logiciel.

walking on the Moon

marcher sur la Lune

Le 21 juillet 1969, Buzz Aldrin plante le drapeau américain sur la Lune, lors de la mission Apollo XI, aux côtés de Neil Armstrong.

Les héros de l'histoire

L'Amérique ne serait pas ce qu'elle est sans les personnages qui ont façonné son histoire. George Washington était le général à la tête de la guerre d'Indépendance, avant de devenir le premier président des États-Unis. Thomas Jefferson a rédigé la Constitution des États-Unis, Abraham Lincoln a aboli l'esclavage, Susan B. Anthony a lutté pour le droit de vote aux femmes, Franklin D. Roosevelt fut un acteur majeur de la victoire des Alliés pendant la Seconde Guerre mondiale, Martin Luther King Jr. fut le pionnier des droits civiques, et John F. Kennedy fut l'un des présidents les plus populaires de l'histoire.

Do you speak american ?

Sais-tu que l'on parle plus de 300 langues aux États-Unis ? Anglais et espagnol, mais aussi chinois, coréen, allemand, italien, français, russe...

En anglais...

On parle plus de 300 langues aux États-Unis, mais 82 % de la population considère l'anglais comme la langue maternelle. C'est donc la langue nationale même s'il n'y a pas de langue officielle aux États-Unis. Les films américains sonnent différemment des films anglais. Eh oui ! Il y a des différences de vocabulaire et de prononciation entre cette même langue, selon les endroits du monde.

... et en espagnol

Aux États-Unis 45 millions d'habitants sont d'origine hispanique et parlent espagnol à la maison, soit plus de 12 % de la population ! 6 millions d'élèves apprennent cette langue à l'école. Du coup, la population américaine parlant espagnol dépasse celle d'Espagne ! D'ailleurs au téléphone, on peut choisir l'espagnol : « Pour une réponse en espagnol, composez le 1 ».

ANGLAIS AMÉRICAIN ET ANGLAIS BRITISH !

sweater	jumper	pullover
vacation	holidays	vacances
flash light	torch	lampe de poche
buddy	mate	pote
elevator	lift	ascenceur
french fries	chips	frites
gasoline	petrol	essence
popsicle	ice lolly	sucette
cotton candy	candy floss	barbe à papa
pants	trousers	pantalon
side walk	pavement	trottoir

Les dialectes amérindiens

Il existe autant de dialectes amérindiens que de tribus : Cherokee, Cheyenne, Iroquois, Ojibwe, Chinook et beaucoup d'autres encore. Pendant la Première et la Seconde Guerre mondiales, les Choctaws, Comanches et Navajos ont joué un rôle crucial. Ils transmettaient les messages militaires stratégiques dans leur langue. Résultat, les Allemands et les Japonais qui avaient mis des écouteurs sur les lignes téléphoniques ne comprirent rien aux plans d'attaque. Le gouvernement français a décerné à ces tribus l'ordre national du Mérite à titre posthume.

Hi, my name is Molly, I am 11 and I live in New York.

Only a few words. Do you want an ice cream? I hear the truck...

My favorite ice cream is vanilla with chocolate chips.

I would love to but it's getting late, I have to go.

Sure. Bye, now.

good morning

bye

nice to meet you

a dog

thank you

no kidding!

kids

come on

check this out

yuk!

see you later

Hi, my name is Molly, I am 11 and I live in New York.

Only a few words. Do you want an ice cream ? I hear the truck...

My favorite ice cream is vanilla with chocolate chips.

I would love to but it's getting late, I have to go.

Sure. Bye, now.

good morning bye

nice to meet you

a dog thank you

no kidding! kids

come on check this out

yuk! see you later

Moi c'est Pauline et j'ai 12 ans. Tu parles français ?

D'accord. Justement voici mes amies.

Tu veux aller au parc avec mes amies ?

Tu reviendras demain j'espère ?

Salut !

bonjour
au revoir
enchanté de t'avoir rencontré
un chien
merci
sans blague !
les gosses
allez !
regarde
berk !
à plus tard

Tu trouveras la traduction de ce dialogue page 36.

Champions du snack !

Entre les 3 repas, nous adorons grignoter à toute heure et dans n'importe quel lieu : en voiture, dans la rue, dans le métro ou devant la télévision.

breakfast week-end

petit-déjeuner du week-end

Le week-end, nous mangeons des œufs au bacon, des gaufres ou des pancakes (crêpes épaisses avec du sirop d'érable) recouverts de fruits.

Un breakfast copieux

Le matin pour le *breakfast* (petit-déjeuner), nous avons le choix : des céréales de toutes sortes, avec ou sans fruits, froides ou chaudes comme les flocons d'avoine cuits, mais aussi toast, bagel (un petit pain très dense), ou muffin (un gâteau aux fruits ou pépites de chocolat), jus d'orange… Je prends mon petit-déjeuner à 7 heures car le bus de l'école passe me prendre à 7 h 15. Ma mère me force un peu car je dois rester en forme jusqu'au dîner.

TV DINNER
(PLATEAU TÉLÉ)

Nous dînons tôt : entre 18 et 19 heures. Mais si les parents rentrent tard, nous mangeons un *TV dinner* : un plateau télé avec un plat tout prêt surgelé.

coffee to go

café à emporter

Le café est pratique à emporter dans son gobelet en carton. Les adultes le consomment dans la rue ou en voiture.

Vive la lunch box !

Le déjeuner est léger et rapide : en 30 minutes nous avons le temps de manger une soupe, un sandwich ou une salade. À l'école, il y a des cantines mais les enfants préfèrent emmener leur déjeuner dans leur *lunch box* (boîte à déjeuner) dans laquelle ils trouvent le traditionnel sandwich au *peanut butter and jelly* (beurre de cacahuètes et gelée de raisins), des chips, une pomme, un jus de fruit, et des cookies. S'ils oublient le jus de fruit, il y a un distributeur de sodas à la cantine.

LE CHOIX EST ROI

Chacun a le droit de ne pas aimer ceci ou cela, ou bien d'être végétarien par exemple. Il n'est pas mal vu de dire : « Désolé, mais je ne mange pas d'œufs ». C'est un choix respecté quelle que soit la raison. Mon conseil : si tu invites des amis, prévois toutes sortes de choses à manger pour plaire à tous !

Hot dog, pizza et bretzel

Pour les petits creux, nous grignotons en vitesse : une glace, un hot dog, un bretzel géant, une pizza... C'est tout un art de manger la pizza sans fourchette en marchant et sans se tacher ! Nous buvons du soda à toute heure. Mais attention danger : tout cela n'est pas très bon pour la santé, et on dit que les snacks sont responsables de l'obésité.

Sushi, chili & co

Il n'y a pas que des hamburgers et du Coca-Cola ! On mange aussi des sushis, du curry, des raviolis et mille autres plats venus d'ailleurs.

apple pie | *tarte aux pommes*

As American as apple pie ! :
Américain comme la tarte aux pommes !
La tarte aux pommes est une tradition américaine : elle est recouverte de pâte ou d'un treillis de pâte.

GLAÇONS S'IL VOUS PLAÎT !

Dès que le client s'assied, le serveur du restaurant lui apporte un verre d'eau rempli de glaçons.
Un Américain ne s'imagine pas boire sans glaçons !

Du sucre à toutes les sauces

Du sucre dans la vinaigrette ? Et oui ! La liste des ingrédients sur les bouteilles de vinaigrette comporte toujours du sucre. Au supermarché, parmi 15 vinaigrettes, il est impossible d'en trouver 1 sans sucre. Idem pour le pain. Dans les céréales et dans les plats préparés, il y a aussi beaucoup de sucres. Sous forme de sirop de maïs, de mélasse ou autre, mais c'est toujours du sucre. Sans parler des boissons gazeuses, eaux parfumées, ou jus de fruits : tous pleins de sucre. Pas étonnant que l'obésité soit si fréquente.

salad bar | *bar à salade*

Le bar à salade satisfait tout le monde. Chacun compose sa salade en fonction de ses goûts avec de nombreux ingrédients et de sauces au choix.

chinatown
ville chinoise

Chinatown, le quartier chinois de New York est à la fois résidentiel et commerçant. Les restaurants proposent toutes sortes de spécialités, et les épiceries des fruits et des légumes exotiques.

À chaque ville sa spécialité

Chaque région a ses spécialités. À Philadelphie, on aime le *philly cheese steak* un sandwich aux fines tranches de rôti de bœuf et fromage fondu. La *clams chowder* (soupe aux palourdes) se déguste à Boston. Dans le Vermont, le *maple syrup* (sirop d'érable) sucre les pancakes, les crêpes épaisses servies au petit-déjeuner. Les habitants de la Nouvelle-Orléans mangent les crevettes bien épicées et à toutes les sauces. Et les Texans qui vivent tout près du Mexique ont adopté le *chili con carne* (ragoût mexicain de haricots rouges et de bœuf) et le steak. Car le Texas est aussi le pays des ranches !

À emporter

Quelles que soient leurs régions ou leurs origines, les familles commandent volontiers un *take out* (plat à emporter) : plat chinois, burrito mexicain (crêpe fourrée de haricots, riz et viande), ou des sushis japonais (poisson cru sur une noix de riz). La solution la plus populaire reste de loin la pizza.

tex-mex food *plat mexicain*

Le chili est un ragoût pimenté d'origine mexicaine à base de haricots et tomates. Quand on y ajoute de la viande hachée il devient *con carne*.

À vos tabliers !

Veux-tu apprendre à faire un bacon cheese burger, le plat préféré des enfants américains et la pumpkin pie, la typique tarte à la citrouille ? Voici les recettes. Bon appétit !

Pour ces recettes, fais-toi aider par un adulte.

Bacon cheese burger

Préparation : 15 minutes

Ingrédients :
- 2 tranches de bacon
- 125 g de steak haché
- sel et poivre
- 1 oignon doux, 1 tomate, 1 feuille de laitue, gros cornichon doux « à la russe »
- ketchup, mayonnaise, ou moutarde
- 1 petit pain de mie rond (coupé en 2 dans l'épaisseur)
- 2 tranches de votre fromage préféré (gruyère, cheddar, munster ou autre)
- poêle, spatule, couteau

Faire chauffer la poêle. Ajouter le bacon. Faire cuire quelques minutes. Mettez-le de côté. Pendant ce temps, aplatir la boule de steak haché. Saler et poivrer des 2 côtés, et faire cuire dans la graisse du bacon. 1 minute ou 2 avant d'avoir terminé la cuisson du 2e côté, mettre les 2 tranches de fromage sur la viande pour qu'il fonde.
Faire griller le petit pain. Tartinez-le de ketchup, moutarde ou mayonnaise, au choix. Couper en tranches très fines : oignons, tomate, cornichon.
Placer le steak haché sur le petit pain, ajouter les tranches de bacon, oignon, tomate, laitue, cornichons, ketchup ou mayonnaise et l'autre moitié du petit pain. Servir.

Bacon cheese burger

Preparation : 15 minutes

Ingredients :
- *2 slices of bacon*
- *4 ounces of ground lean beef*
- *salt and pepper*
- *onion, lettuce, tomato, pickle*
- *ketchup, mayonnaise or mustard*
- *1 hamburger bun*
- *2 slices of your favorite cheese*
- *prying pan, spatula, knife*

Heat the frying pan. Lay the bacon. Cook for a few minutes. Set aside. Meanwhile flatten the ground beef pattie. Add salt and pepper on each side and cook in the bacon grease. 1 or 2 minutes before the 2nd side is done add 2 slices of cheese on the meet to melt it. Toast the bun. Spread ketchup, mayonnaise or mustard. Slice onion, tomato and pickle, very thinly.
Put the burger on the bread, add bacon, onion, tomato, lettuce, pickle, ketchup or mayonnaise and the other side of the bun. Serve !

For this recipes, ask for an adult's help.

Tarte à la citrouille

Préparation : 50 minutes

Ingrédients (pour une tarte) :
- pâte à tarte, brisée ou feuilletée (décongelée)
- 2 gros œufs
- 500 g de purée de citrouille (en conserve ou fraîche)
- 350 g de lait concentré (non sucré)
- 125 g de sucre brun
- 1 cuillère à café de cannelle
- 1 cuillère à café de gingembre
- ½ cuillère à café de poudre de clous de girofle ou quatre-épices
- ½ cuillère à café de sel
- 1 bol de crème Chantilly (facultatif)
- plat à tarte, cuillère en bois

Beurrer un moule à tarte. Étaler la pâte dans le moule. Dans un grand bol, mélanger les 2 œufs, la purée de citrouille, le lait, la crème, le sucre brun, la cannelle, le gingembre, les clous de girofle ou quatre-épices et le sel. Préchauffer le four à 190 °C. Verser le mélange à la citrouille dans le plat à tarte et cuire 35 à 45 minutes, jusqu'à ce que le centre soit pris (comme de la gelée). Si les bords de la tarte brunissent, baisser un peu la température. Laisser refroidir. Servir frais ou à la température de la pièce avec ou sans crème Chantilly.

Pumpkin pie

Preparation : 50 minutes

Ingredients (one pie) :
- *pie crust ready made or frozen flaky dough*
- *2 large eggs*
- *2 cups of pureed pumpkin (canned or fresh)*
- *1 ½ cup evaporated milk (unsweetened)*
- *½ cup brown sugar (packed)*
- *1 teaspoon cinnamon*
- *1 teaspoon ground cloves or allspice*
- *½ teaspoon salt*
- *whipped cream (optional)*
- *pie pan, wodden spoon*

Butter a pie pan. Spread pie dough (thawed if frozen). In a large bowl, whish 2 large eggs, 2 cups of canned pumpkin puree, 3/4 cup milk, 3/4 cup of heavy cream, 1/2 cup dark brown sugar (firmly packed), 1 teaspoon cinnamon, 1 teaspoon ginger, 1/2 teaspoon ground cloves or allspice, 1/2 teaspoon salt.
Preheat the oven at 190 °C. Pour the pumpkin mixture into the pie and bake 35 to 45 minutes, until the center is set (like gelatin). Lower the temperature if the edges of the crust start browning. Let cool. Serve cool or at room temperature. Whipped cream optional.

Only in America !

Chaque pays a ses habitudes et ses traditions.
En voici quelques-unes* made in USA *!

Jim, Maggy et Bob...

C'est ainsi que j'appelle mes amis. Mais en réalité, ce sont les diminutifs de : James, Margaret et Robert. Si un garçon s'appelle Junior, c'est que son vrai prénom est le même que celui de son père. On dit alors Joe Junior par exemple, pour distinguer le fils du père.

uncle Sam — *oncle Sam*

Avec son chapeau haut-de-forme et sa barbichette, ce vieux monsieur personnifie l'Amérique depuis 1816. Il est apparu dans le livre *Les Aventures de l'Oncle Sam à la recherche de son honneur perdu* et depuis, c'est lui qui réclame les impôts et qui invite les jeunes gens à s'engager dans l'armée.

Les bonnes manières

Lorsqu'on rencontre quelqu'un pour la première fois, on lui tend la main. Entre amis, pour se saluer, on se serre dans les bras, et on se fait une petite tape dans le dos. Mais s'embrasser sur la joue pour dire bonjour est considéré comme très intime et réservé à la famille et aux amoureux ! Si on vous fait un compliment : « Oh quelle jolie robe ! », pas de fausse modestie surtout, ce serait mal vu. Au contraire, remerciez fièrement : « Thank you ! thank you ! ». Attention au faux pas ; en aucun cas on ne montre du doigt, ce serait accusateur.

tip — *pourboire*

Le client doit toujours ajouter 15 % pour le service. Si l'on oublie le chauffeur ou le serveur, il pense que l'on est très mécontent de son service au point de partir sans le payer !

Drôles d'expressions !

Quand j'ai fait une bonne affaire, je dis : *I got it for a song* « Je l'ai eu pour une chanson ». Alors qu'un Français parle d'une « bouchée de pain ». Mais si c'est trop cher, je lance : *It costs an arm and a leg* « Cela coûte un bras et une jambe » au lieu de : « Ça coûte les yeux de la tête », en français. Quand une chose m'embête et que je ne veux pas la faire, je dis : *I have better fish to fry* « J'ai d'autres poissons à faire frire » au lieu de : « J'ai d'autres chats à fouetter ». Et pour une chose improbable, je dis: *When pigs fly* « Quand les cochons voleront » alors que les Français disent : « Quand les poules auront des dents ».

QUI FAIT QUOI ? DEVINE :

1. *Knock, knock*
2. *Beep-beep*
3. *Bang ! Bang !*
4. *Baa, baa*
5. *Tweet-tweet*

A. Un mouton
B. Quelqu'un qui frappe à la porte
C. Un oiseau
D. Un klaxon de voiture
E. Un revolver

Réponses : 1B, 2D, 3E, 4A, 5C

1

2

3

4

5

6

7

Tu trouveras les légendes de ces photos page 37.

Glossaire

ANGLAIS - FRANÇAIS

apple	pomme
baseball	baseball
bathroom	salle de bains
bike	vélo
birthday	anniversaire
boy	garçon
cab	taxi
cat	chat
change	monnaie
chopsticks	baguettes chinoises
Christmas	Noël
cold	froid
Congress	Congrès
dog	chien
drink	boisson
eat	manger
fork	fourchette
game	jeu ou match
ghost	fantôme
girl	fille
hi	bonjour
hot dog	hot dog
honk	klaxonner
hamburger	hamburger
high school	lycée
home works	devoirs à la maison
kid	enfant
knife	couteau
lunch box	boîte à déjeuner
maple syrup	sirop d'érable
middle school	collège
pancakes	crêpes épaisses
party	fête entre amis
pilgrims	colons
principal	directeur d'école
pumpkin	citrouille, potiron
recess	récréation
school	école
Seltzer	eau gazeuse
Senate	Sénat
sleepover	soirée pyjama à deux
slumber party	soirée pyjama à plusieurs
soccer	football
soda	boisson gazeuse sucrée
spoon	cuillère
subway	métro
student	élève
sweet	sucré
take out	plat à emporter
teacher	enseignant
thank you	merci
tip	pourboire
vacation	vacances
vending machine	distributeur
waiter/waitress	serveur/serveuse

Voici la traduction du dialogue entre Molly et Pauline page 25 :

Salut, je m'appelle Molly, j'ai 11 ans et j'habite New York.

Quelques mots seulement. Tu veux une glace ? J'entends le camion.

Mon parfum de glace préféré c'est vanille avec pépites de chocolat.

J'aimerais bien mais il est tard, je dois rentrer.

Bien sûr. Allez, au revoir.

Pauline here and I am twelve. Do you speak french ?

OK. Over there, these are my friends.

Do you want to go to the park with my friends ?

You will come back tomorrow I hope ?

Bye !

1. Les chutes du Niagara séparent les États-Unis du Canada.
2. Le pont suspendu Golden Gate bridge relie San Francisco au nord de la Californie et marque l'ouverture sur l'océan Pacifique.
3. À Chinatown, le quartier chinois de New York, tout est chinois : les magasins, les restaurants, et les banques en forme de pagodes.
4. Pour préparer Halloween, on va choisir sa citrouille à la ferme.
5. La statue de la Liberté est un cadeau des Français aux Américains. Erigée dans le port de New York, elle n'est accessible que par bateau.
6. Situées dans le sud-ouest, les gorges du Grand Canyon font 1 500 mètres de profondeur.
7. 48 000 taxis jaunes circulent dans les rues de New York.
8. Voisine de Los Angeles au sud de la Californie, Hollywood est la ville symbole de l'industrie du cinéma.
9. Cette station de métro est au cœur de Times Square, le quartier des théâtres à New York.
10. Monument Valley est le pays des Indiens Navajos. Ce paysage en pierre de sable sert souvent de décor pour les westerns.
11. Les visages de 4 présidents américains : George Washington, Abraham Lincoln, Thomas Jefferson et Théodore Roosevelt sont taillés dans la montagne de Mount Rushmore.
12. L'Empire State Building, l'ancêtre des gratte-ciel, a été le plus haut du monde pendant 40 ans.
13. Très populaire dans l'Ouest des États-Unis, le rodéo est un sport basé sur les gestes des cow-boys : monter un cheval sauvage, immobiliser un taureau...
14. Wall Street, le quartier des affaires, se situe dans la pointe sud de Manhattan, à New York.

See you soon !
À bientôt !

Crédits photos

AFP : p. 11 : Mandel Ngan (b).

Corbis : p. 15 : Ron Nickel/Design Pics (b). p.16 : Moodboard (b). p. 17 : Pauline St. Denis (hd) ; Randy Faris (md). p.18 : Franco Debernardi/epa (b). p. 22 : Sunset Boulevard (h) ; Lee Calder (bg) ; Rolex Dela Pena/epa (bd). p. 23 : Mike Kepka/San Francisco Chronicle (h) ; Daniel Deme/epa (m) ; Corbis (Aldrin). p. 29 : Bob Krist/Corbis (h). p. 34 : Radius Images (Chinatown).

Hémis/ Alamy : p. 12 : P. Frilet/hemis.fr (h). p. 14 : David Harding (b). p. 16 : Yadid Levy (h). p. 18 : Chuck Eckert (Baseball). p. 21 : D. Hurst (b). p. 27 : © Gavin Hellier(b). p. 28 : Marka (h). p. 35 : Philippe Renault/hemis.fr (Hollywood).

Istock : 1re de couverture : Ray Roper (bd) ; Joshua Haviv (m) ; Thomas Perkins (enfant) ; Chris Scredon (hg) ; Andrew Johnson (bus) ; Hywit Dimyadi (hd). p. 8 : Vetta Stock (h) ; © Sepavo (b). p. 10 : Ayzek (h). p. 11 : Narvikk. p. 12 : YangYin (b). p. 13 : Andresr (b). p. 14 : Jani Bryson (h). p.18 : Lisa Thornberg (balle). p. 19 : Kirk Strickland (h) ; Michelle Malven (b). p. 20 : Gina Smith (Halloween). p. 21 : Ray Roper (timbre). p. 24 : Rudi Tapper (h) ; Brytta (b). p. 26 : Whitewish (h) ; Kyoungil Jeon (b). p. 27 : Mammamaart (h). p. 28 : Barbara Sauder (apple pie) ; © Luomantock (b). p. 29 : GoosePhotographic (b). p. 32 : Valerie Loiseleux (h). p. 33 (h): NoDerog ; p. 34 : Alexey Shkanov (chutes du Niagara) ; Matthew Scholey (Golden Gate) ; © Sepavo (statue de la Liberté) ; Eldon Griffin (Halloween) ; Jan Hanus (New York) ; Jim Kruger (Colorado river). p. 35 : Jeremy Edwards (Monument Valley) ; Rick Hyman (rodéo) ; Hendrik De Bruyne (Empire State Building) ; Zxvisual (Time square) ; Narvikk (Wall Street) ; William Blacke (Mont rushmore). 4e de couverture : Michelle Malven.

Photolibrary : p. 10 : Kevin Dodge (m).

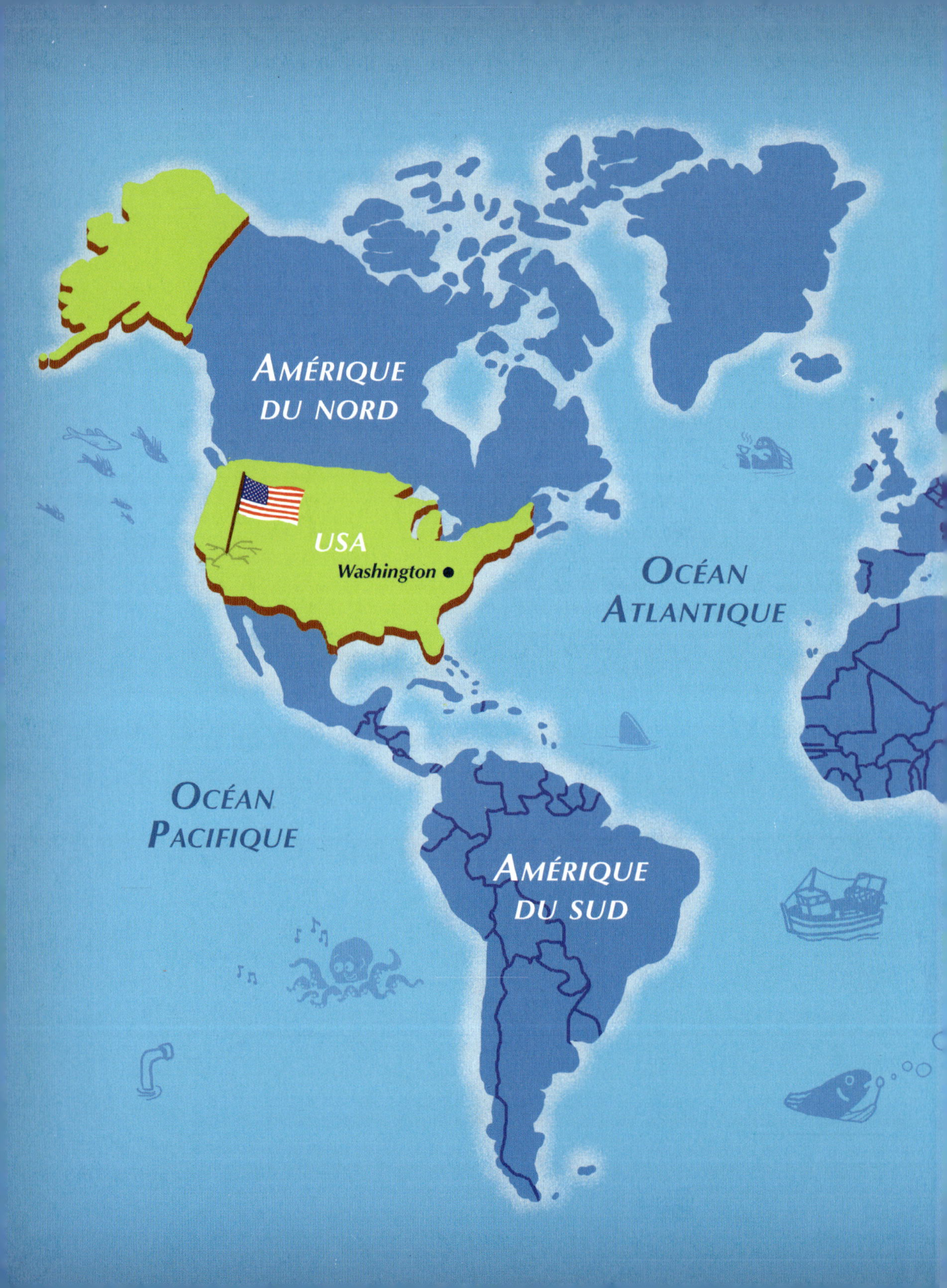
AMÉRIQUE DU NORD
USA
Washington
OCÉAN ATLANTIQUE
OCÉAN PACIFIQUE
AMÉRIQUE DU SUD